LIEBLINGSGESCHICHTEN

aus der Bibel – Übungsbuch

Lieblingsgeschichten aus der Bibel – Übungsbuch

Alle Rechte vorbehalten. Durch den Kauf dieses Übungsbuchs darf der Käufer die Übungsblätter nur für den persönlichen Gebrauch und den Unterricht, jedoch nicht für den kommerziellen Weiterverkauf kopieren. Mit Ausnahme der oben genannten Bestimmungen darf dieses Übungsbuch ohne schriftliche Genehmigung des Herausgebers weder ganz noch teilweise in irgendeiner Weise reproduziert werden.

Bible Pathway Adventures® ist eine Marke von BPA Publishing Ltd.

ISBN: 978-1-989961-48-3

Autor: Pip Reid

Kreativdirektor: Curtis Reid

Für kostenlose Bibelmaterialien und Lehrerpakete mit Malvorlagen, Arbeitsblättern, Quizfragen und mehr besuchen Sie unsere Website unter:

www.biblepathwayadventures.com

◇◊ Einführung ◊◇

Freuen Sie sich darauf, Ihren Kindern etwas über die Bibel beizubringen - mit unserem *Übungsbuch „Lieblingsgeschichten aus der Bibel"*. Es enthält 70 ausdruckbare Arbeitsblätter zu den berühmtesten Geschichten der Bibel - von Adam und Eva bis zu Paulus' Schiffbruch, Ihre Kinder werden es lieben, auf diese amüsante und spannende Weise etwas über die berühmtesten Figuren der Bibel zu lernen. Außerdem gibt es Bibelstellenangaben zum einfachen Nachschlagen von Bibelversen und einen Lösungsschlüssel für Lehrer.

Bible Pathway Adventures hilft Pädagogen, Kindern den biblischen Glauben auf spielerische und kreative Weise zu vermitteln. Wir tun dies mit unseren Übungsbüchern und kostenlosen, druckbaren Rätselseiten - verfügbar auf unserer Website: www.biblepathwayadventures.com

Vielen Dank für den Kauf dieses Übungsbuches und die Unterstützung unseres Dienstes. Jedes gekaufte Buch hilft uns, unsere Arbeit fortzusetzen und Familien und Missionen auf der ganzen Welt kostenlose Unterrichtspakete und Ressourcen für das Bibelstudium zur Verfügung zu stellen.

Die Suche nach der Wahrheit macht mehr Spaß als die Tradition!

◇◊ Inhaltsverzeichnis ◊◇

Einführung 3
Dieses Buch gehört… 7

Adam & Eva 8
Kain & Abel 9
Noah 10
Abraham 11
Lot 12
Isaak & Rebekka 13
Jakob & Esau 14
Rahel 15
Joseph 16
Mose 17
Pharao 18
Miriam 19
Aaron 20
Kaleb 21
Josua 22
Rahab 23
Bileam 24
Gideon 25
Ruth & Boas 26
Debora 27
Simson & Delila 28
Hanna 29
Samuel 30

König Saul	31
David & Goliath	32
Jonathan	33
Benaja	34
David & Bathseba	35
Salomo	36
Isebel	37
Königin von Saba	38
Amos	39
Jesaja	40
Elia	41
Elisa	42
Daniel	43
Mordechai	44
Esther	45
Königin Vasti	46
Nehemia	47
Jona	48
Hiob	49
Johannes der Täufer	50
Elisabeth	51
Maria & Josef	52
Geburt von Jeschua	53
Kreuzigung	54
Auferstehung	55
Barmherziger Samariter	56
Hochzeit zu Kana	57
Wundersame Brotvermehrung	58
Die Sturmstillung	59
Verlorener Sohn	60

Kluge und törichte Jungfrauen 61
Das verlorene Schaf 62
Der Sämann 63
Die Weisen aus dem Morgenland 64
Petrus & Kornelius 65
Judas 66
Maria Magdalena 67
Auferweckung des Lazarus 68
Steinigung des Stephanus 69
Weg nach Damaskus 70
Der Schiffbruch des Paulus 71
Priscilla & Aquila 72
Tabitha, steh auf! 73
Philippus & der Äthiopier 74
Timotheus 75
Maria & Martha 76
Zachäus 77

Lösungsschlüssel 78
Entdecken Sie weitere Übungsbücher! 82

Bible Pathway Adventures

Dieses Buch gehört...

....

Zeichne etwas

Adam & Eva

Lies 1. Mose 2,8 und schreibe den Bibelvers auf:

....

....

....

1. Wo hat Gott einen Garten angelegt?

....

....

2. Wer hat all die Vögel und Tiere benannt?

....

....

3. Was hat die Schlange zu Eva gesagt?

....

....

Zeichne deine Lieblingsszene aus dieser Geschichte.

Was könnte mich das Leben von Adam & Eva lehren?

Gott benutzte Adam & Eva, um...

Kain & Abel

Lies 1. Mose 4,9 und schreibe den Bibelvers auf:

....

....

....

1. Was hat Kain als Opfer dargebracht?

....

....

2. Was hat Kain dem Abel angetan?

....

....

3. Nachdem Kain vor Gott geflohen war, wo lebte er?

....

....

Zeichne deine Lieblingsszene aus dieser Geschichte.

Was könnte mich das Leben von Kain und Abel lehren?	Gott benutzte Kain & Abel, um...

Noah

Lies 1. Mose 6,17 und schreibe den Bibelvers auf:

....

....

....

1. Wie lang war die Arche Noah?

....

....

2. Wie viele Paare von „reinen" Tieren nahm Noah auf die Arche mit?

....

....

3. Wie viele Tage lang fiel Regen auf der Erde?

....

....

Zeichne deine Lieblingsszene aus dieser Geschichte.

Was könnte mich das Leben von Noah lehren?	Gott benutzte Noah, um...
....	....
....	....

Abraham

Lies 1. Mose 15,5 und schreibe den Bibelvers auf:

....

....

....

1. Wer war Abrahams Frau?

....

....

2. Wohin ging Abraham, um der Hungersnot zu entkommen?

....

....

3. Was hat Gott Abraham in 1. Mose 15,4 versprochen?

....

....

Zeichne deine Lieblingsszene aus dieser Geschichte.

Was könnte mich das Leben von Abraham lehren?	Gott benutzte Abraham, um...
....	....
....	....

Lieblingsgeschichten aus der Bibel – Übungsbuch

Lots Flucht

Lies 1. Mose 19,24 und schreibe den Bibelvers auf:

....

....

....

1. Wie viele Engel besuchten Sodom?

....

....

2. Was fiel auf Sodom und Gomorrah?

....

....

3. Was geschah mit Lots Frau, als sie zurückblickte?

....

....

Zeichne deine Lieblingsszene aus dieser Geschichte.

Was könnte mich das Leben von Lot lehren?	Gott benutzte Lot, um...
....	....
....	....

Isaak & Rebekka

Lies 1. Mose 24,67 und schreibe den Bibelvers auf:

....

....

....

1. Wohin ging der Knecht Abrahams, um eine Frau für Isaak zu finden?

....

....

2. Wo hat der Knecht Rebekka gefunden?

....

....

3. Welchen Schmuck hat der Knecht Rebekka gegeben?

....

....

Zeichne deine Lieblingsszene aus dieser Geschichte.

Was könnte mich das Leben von Isaak & Rebekka lehren?	Gott benutzte Isaak und Rebekka, um…
....	....
....	....

www.biblepathwayadventures.com
Lieblingsgeschichten aus der Bibel – Übungsbuch

Jakob & Esau

Lies 1. Mose 25,34 und schreibe den Bibelvers auf:

....

....

....

1. Wer war der Vater von Jakob und Esau?

....

....

2. Wie hat Gott Esau beschrieben?

....

....

3. Für welche Nahrung verkaufte Esau sein Erstgeburtsrecht?

....

....

Zeichne deine Lieblingsszene aus dieser Geschichte.

Was könnte mich das Leben von Jakob & Esau lehren?	Gott benutzte Jakob und Esau, um…
....	....
....	....

www.biblepathwayadventures.com
Lieblingsgeschichten aus der Bibel – Übungsbuch

Rahel

Lies 1. Mose 29,18 und schreibe den Bibelvers auf:

....

....

....

1. Wie viele Jahre hat Jakob zugestimmt, für Rahel zu arbeiten?

....

....

2. Wer waren die beiden Söhne von Rahel?

....

....

3. Was hat Rahel aus dem Zelt ihres Vaters gestohlen?

....

....

Zeichne deine Lieblingsszene aus dieser Geschichte.

Was könnte mich das Leben von Rahel lehren?	Gott benutzte Rachel, um...
....	....
....	....

Joseph

Lies 1. Mose 37,3 und schreibe den Bibelvers auf:

....

....

....

1. Welches Geschenk gab Jakob dem Joseph?

....

....

2. Was war Josephs erster Traum?

....

....

3. Wie sind Josephs Brüder ihn losgeworden?

....

....

Zeichne deine Lieblingsszene aus dieser Geschichte.

Was könnte mich das Leben von Joseph lehren?	Gott benutzte Joseph, um…
....	....
....	....

Mose

Lies 2. Mose 3,10 und schreibe den Bibelvers auf:

....

....

....

1. Wie erschien Gott dem Mose in der Wüste?

....

....

2. Wen hat Mose gebeten, die Hebräer zu befreien?

....

....

3. Wer stand mit Mose vor dem Pharao?

....

....

Zeichne deine Lieblingsszene aus dieser Geschichte.

Was könnte mich das Leben des Mose lehren?

....

....

Gott benutzte Mose, um...

....

....

Pharao

Lies 2. Mose 9,12 und schreibe den Bibelvers auf:

....

....

....

1. Über welches Land herrschte der Pharao?

....

....

2. Was war die zweite Plage?

....

....

3. Welcher der Söhne des Pharao starb bei der letzten Plage?

....

....

Zeichne deine Lieblingsszene aus dieser Geschichte.

Was könnte mich das Leben des Pharao lehren?

....

....

Gott benutzte Pharao, um...

....

....

Miriam

Lies 2. Mose 2,4 und schreibe den Bibelvers auf:

....

....

....

1. Wer waren die beiden Brüder von Miriam?

....

....

2. Warum hat Miriam im Schilf am Fluss gewartet?

....

....

3. Wen hat Miriam geholt, um sich um das Baby Mose zu kümmern?

....

....

Zeichne deine Lieblingsszene aus dieser Geschichte.

Was könnte mich das Leben von Miriam lehren?	Gott benutzte Miriam, um...

Aaron

Lies 2. Mose 32,24 und schreibe den Bibelvers auf:

....

....

....

1. Wen haben die Israeliten gebeten, ein Kalb zu machen?

....

....

2. Aus welchem Metall war das Kalb gefertigt?

....

....

3. Wie hat Mose das Kalb zerstört?

....

....

Zeichne deine Lieblingsszene aus dieser Geschichte.

Was könnte mich das Leben von Aaron lehren?

....

....

Gott benutzte Aaron, um...

....

....

Kaleb

Lies 4. Mose 13,30 und schreibe den Bibelvers auf:

....

....

....

1. Wer war der Vater von Kaleb?

....

....

2. Wie viele Kundschafter schickte Mose nach Kanaan?

....

....

3. Wie lange haben Kaleb und die Kundschafter Kanaan erkundet?

....

....

Zeichne deine Lieblingsszene aus dieser Geschichte.

Was könnte mich das Leben von Kaleb lehren?	Gott benutzte Kaleb, um…

Josua

Lies Josua 3,7 und schreibe den Bibelvers auf:

....

....

....

1. Welchen Fluss überquerten die Israeliten, um Kanaan zu betreten?

....

....

2. Wer trug die Bundeslade über den Fluss?

....

....

3. Was hat Josua getan, nachdem die Israeliten den Fluss überquert hatten?

....

....

Zeichne deine Lieblingsszene aus dieser Geschichte.

Was könnte mich das Leben von Josua lehren?

....

....

Gott benutzte Josua, um…

....

....

www.biblepathwayadventures.com
Lieblingsgeschichten aus der Bibel – Übungsbuch

© BPA Publishing Ltd 2021

Bileam

Lies 4. Mose 22,35 und schreibe den Bibelvers auf:

....

....

....

1. Welches Tier sprach zu Bileam?

....

....

2. Was hat Bileam getan, nachdem der Engel sein Leben verschont hatte?

....

....

3. Wie viele Male segnete Bileam die Israeliten?

....

....

Zeichne deine Lieblingsszene aus dieser Geschichte.

Was könnte mich das Leben von Bileam lehren?	Gott benutzte Bileam, um...
....	....
....	....

Gideon

Lies Richter 6,34 und schreibe den Bibelvers auf:

....

....

....

1. Welchen Altar der Midianiter hat Gideon zerstört?

....
....

2. Was hat Gideon getan, um ein Zeichen von Gott zu erhalten?

....
....

3. Was hat Gideon benutzt, um die Midianiter zu besiegen?

....
....

Zeichne deine Lieblingsszene aus dieser Geschichte.

Was könnte mich das Leben von Gideon lehren?	Gott benutzte Gideon, um…

Ruth & Boas

Lies Ruth 1,16 und schreibe den Bibelvers auf:

....

....

....

1. Wo haben sich Ruth und Boas zum ersten Mal getroffen?

....

....

2. Was hat Boas Ruth zum Essen angeboten?

....

....

3. Wo hat Ruth auf der Tenne geschlafen?

....

....

Zeichne deine Lieblingsszene aus dieser Geschichte.

Was könnte mich das Leben von Ruth und Boas lehren?	Gott benutzte Ruth & Boas, um…

Debora

Lies Richter 4,4 und schreibe den Bibelvers auf:

....

....

....

1. Was waren Deboras zwei Rollen?

....

....

2. Wo hat Debora gesessen, um das Urteil zu sprechen?

....

....

3. Wie viele Männer kämpften gegen die Kanaaniter?

....

....

Zeichne deine Lieblingsszene aus dieser Geschichte.

Was könnte mich das Leben von Debora lehren?	Gott benutzte Debora, um…

Simson & Delila

Lies Richter 16,6 und schreibe den Bibelvers auf:

....

....

....

1. Wo hat Delila gewohnt?

....

....

2. Womit hat Delila Samson zuerst gefesselt?

....

....

3. Was war das Geheimnis von Simsons Stärke?

....

....

Zeichne deine Lieblingsszene aus dieser Geschichte.

Was könnte mich das Leben von Simson lehren?	Gott benutzte Simson, um…
....	....
....	....

Hanna

Lies 1. Samuel 1,20 und schreibe den Bibelvers auf:

....

....

....

1. Warum hat Hanna im Tempel geweint?

....

....

2. Welchen Namen gab Hanna ihrem Sohn?

....

....

3. Was hat Hanna ihrem Sohn jedes Jahr mitgebracht?

....

....

Zeichne deine Lieblingsszene aus dieser Geschichte.

Was könnte mich das Leben von Hanna lehren?

Gott benutzte Hanna, um...

Samuel

Lies 1. Samuel 10,24 und schreibe den Bibelvers auf:

....

....

....

1. Was verlangten die Israeliten von Samuel?

....

....

2. Wovor hat Samuel sie gewarnt, was ein König tun würde?

....

....

3. Wer war der erste König von Israel?

....

....

Zeichne deine Lieblingsszene aus dieser Geschichte.

Was könnte mich das Leben von Samuel lehren?

Gott benutzte Samuel, um…

www.biblepathwayadventures.com
Lieblingsgeschichten aus der Bibel – Übungsbuch

© BPA Publishing Ltd 2021

König Saul

Lies 1. Samuel 9,16 und schreibe den Bibelvers auf:

....

....

....

1. Aus welchem Stamm Israels stammte Saul?

....

....

2. Gegen welche Feinde hat Saul oft gekämpft?

....

....

3. Welcher Prophet salbte Saul zum König?

....

....

Zeichne deine Lieblingsszene aus dieser Geschichte.

Was könnte mich das Leben von König Saul lehren?

....

....

Gott benutzte Saul, um…

....

....

David & Goliath

Lies 1. Samuel 17,45 und schreibe den Bibelvers auf:

....

....

....

1. Wie groß war Goliath?

....

....

2. Wie viele Steine hat David aus dem Bach geholt?

....

....

3. Wie hat David Goliath getötet?

....

....

Zeichne deine Lieblingsszene aus dieser Geschichte.

Was könnte mich das Leben von David lehren?

Gott benutzte David, um...

Jonathan

Lies 1. Samuel 20,33 und schreibe den Bibelvers auf:

....

....

....

1. Wer war der Vater von Jonathan?

....

....

2. Mit wem hat Jonathan einen Bund geschlossen?

....

....

3. Warum warf Saul einen Speer nach Jonathan?

....

....

Zeichne deine Lieblingsszene aus dieser Geschichte.

Was könnte mich das Leben von Jonathan lehren?

Gott benutzte Jonathan, um...

Benaja

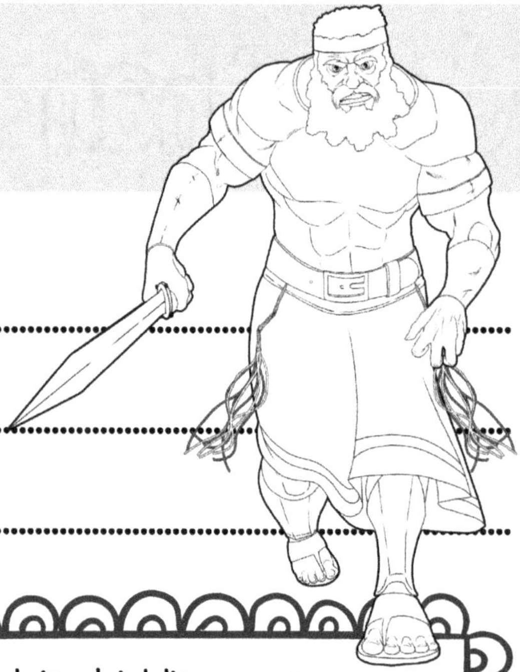

Lies 2. Samuel 23,20 und schreibe den Bibelvers auf:

....

....

....

1. Benaja war für die Leibwache welchen Königs zuständig?

....

....

2. Welches Tier hat Benaja an einem verschneiten Tag getötet?

....

....

3. Wer war der Vater von Benaja?

....

....

Zeichne deine Lieblingsszene aus dieser Geschichte.

Was könnte mich das Leben von Benaja lehren?

....

....

Gott benutzte Benaja, um…

....

....

David & Bathseba

Lies 2. Samuel 11,3 und schreibe den Bibelvers auf:

....

....

....

1. Was tat Bathseba, als David sie sah?

....

....

2. Wen hat David in der Schlacht töten lassen?

....

....

3. Was tat Bathseba, als sie hörte, dass Urija tot war?

....

....

Zeichne deine Lieblingsszene aus dieser Geschichte.

Was könnte mich das Leben von Bathseba lehren?	Gott benutzte Bathseba, um…
....	....
....	....

Lieblingsgeschichten aus der Bibel – Übungsbuch

Salomo

Lies 1. Könige 3,12 und schreibe den Bibelvers auf:

....

....

....

1. Wie hat Salomo gezeigt, dass er Gott liebte?

....

....

2. Welche Gabe hat Gott Salomo gegeben?

....

....

3. Was hat Gott Salomo versprochen, wenn er seinen Anweisungen gehorcht?

....

....

Zeichne deine Lieblingsszene aus dieser Geschichte.

Was könnte mich das Leben von Salomo lehren?	Gott benutzte Salomo, um...

Isebel

Lies 1. Könige 21,7 und schreibe den Bibelvers auf:

....

....

....

1. Wer war der Ehemann von Isebel?

....

....

2. Was hat Isebel mit Nabot gemacht?

....

....

3. Warum floh Elia nach Beerscheba?

....

....

Zeichne deine Lieblingsszene aus dieser Geschichte.

Was könnte mich das Leben von Isebel lehren?	Gott benutzte Isebel, um…

Königin von Saba

Lies 1. Könige 10,1 und schreibe den Bibelvers auf:

....

....

....

1. Warum hat die Königin von Saba Salomo besucht?

....

....

2. Welche Geschenke hat die Königin mitgebracht?

....

....

3. Welche Geschenke hat Salomo der Königin gemacht?

....

....

Zeichne deine Lieblingsszene aus dieser Geschichte.

Was könnte mich das Leben der Königin von Saba lehren?

....

....

Gott benutzte die Königin von Saba, um…

....

....

Amos

Lies Amos 7,15 und schreibe den Bibelvers auf:

....

....

....

1. Was war Amos' Aufgabe?

....

....

2. Woher kam Amos?

....

....

3. Wer, sagt Amos, wird in die Gefangenschaft gehen?

....

....

Zeichne deine Lieblingsszene aus dieser Geschichte.

Was könnte mich das Leben von Amos lehren?

....

....

Gott benutzte Amos, um…

....

....

Jesaja

Lies 2. Könige 20,1 und schreibe den Bibelvers auf:

....

....

....

1. Was war Jesajas Aufgabe?

....

....

2. Wer war der Vater von Jesaja?

....

....

3. Was sagte Jesaja dem König Hiskia, als er krank war?

....

....

Zeichne deine Lieblingsszene aus dieser Geschichte.

Was könnte mich das Leben von Jesaja lehren?	Gott benutzte Jesaja, um...
....	....
....	....

Elia

Lies 1. Könige 18,38 und schreibe den Bibelvers auf:

....

....

....

1. Wo hat Elia die falschen Propheten getroffen?

....

....

2. Welches Tier opferte Elia?

....

....

3. Was hat das Feuer Gottes verbrannt?

....

....

Zeichne deine Lieblingsszene aus dieser Geschichte.

Was könnte mich das Leben von Elia lehren?

....

....

Gott benutzte Elia, um…

....

....

www.biblepathwayadventures.com
Lieblingsgeschichten aus der Bibel – Übungsbuch

Elisa

Lies 2. Könige 2,2 und schreibe den Bibelvers auf:

....

....

....

1. Was trennte Elisa und Elia?

....

....

2. Wie ist Elia in den Himmel gekommen?

....

....

3. Was hat Elisa mit dem Gewand des Elia gemacht?

....

....

Zeichne deine Lieblingsszene aus dieser Geschichte.

Was könnte mich das Leben von Elisa lehren?

....

....

Gott benutzte Elisa, um…

....

....

Daniel

Lies Daniel 6,22 und schreibe den Bibelvers auf:

....

....

....

1. Wer hat den Mord an Daniel geplant?
....
....

2. Warum wurde Daniel den Löwen vorgeworfen?
....
....

3. Wer beschützte Daniel vor den Löwen?
....
....

Zeichne deine Lieblingsszene aus dieser Geschichte.

Was könnte mich das Leben von Daniel lehren?	Gott benutzte Daniel, um…

Mordechai

Lies Esther 8,15 und schreibe den Bibelvers auf:

....

....

....

1. Welches Mädchen hat Mordechai geholfen, aufzuziehen?
....
....

2. Welche Anweisungen hat Mordechai Esther gegeben?
....
....

3. Wie ehrte der König Mordechai dafür, dass er sein Leben gerettet hatte?
....
....

Zeichne deine Lieblingsszene aus dieser Geschichte.

Was könnte mich das Leben von Mordechai lehren?	Gott benutzte Mordechai, um...
....	....
....	....

Esther

Lies Esther 4,14 und schreibe den Bibelvers auf:

....

....

....

1. Was tat der König, als Esther uneingeladen vor ihn trat?

....

....

2. Wen lud Esther zu ihren Festmahlen ein?

....

....

3. Wie hat der König die Vernichtung der Juden (Hebräer) aufgehalten?

....

....

Zeichne deine Lieblingsszene aus dieser Geschichte.

Was könnte mich das Leben von Esther lehren?

Gott benutzte Esther, um…

Königin Vasti

Lies Esther 1,9 und schreibe den Bibelvers auf:

....

....

....

1. Wer war der Ehemann von Königin Vasti?

....

....

2. Warum wollte der König Vasti dem Volk zeigen?

....

....

3. Hat Vasti ihrem Mann gehorcht?

....

....

Zeichne deine Lieblingsszene aus dieser Geschichte.

Was könnte mich das Leben von Vasti lehren?

....

....

Gott benutzte Vasti, um...

....

....

Nehemia

Lies Nehemia 2,5 und schreibe den Bibelvers auf:

....

....

....

1. Was war die Aufgabe von Nehemia?

....

....

2. Worum hat Nehemia den König gebeten?

....

....

3. Was hat Nehemia getan, als er Jerusalem erreichte?

....

....

Zeichne deine Lieblingsszene aus dieser Geschichte.

Was könnte mich das Leben von Nehemia lehren?	Gott benutzte Nehemia, um…

Jona

Lies Jona 2,1 und schreibe den Bibelvers auf:

....

....

....

1. Wohin hat Gott Jona geschickt?

....

....

2. Wie lange war Jona im Inneren des Fisches?

....

....

3. Was hat Jona getan, als er Ninive erreichte?

....

....

Zeichne deine Lieblingsszene aus dieser Geschichte.

Was könnte mich das Leben von Jona lehren?

....

....

Gott benutzte Jona, um…

....

....

Hiob

Lies Hiob 1,1 und schreibe den Bibelvers auf:

....

....

....

1. Wo lebten Hiob und seine Familie?

....

....

2. Wie viele Kinder hatte Hiob vor seinen Prüfungen?

....

....

3. Wie starben die Kinder Hiobs?

....

....

Zeichne deine Lieblingsszene aus dieser Geschichte.

Was könnte mich das Leben von Hiob lehren?

Gott benutzte Hiob, um...

Johannes der Täufer

Lies Matthäus 3,1 und schreibe den Bibelvers auf:

....

....

....

1. Welches Insekt hat Johannes gerne gegessen?

....

....

2. In welchem Fluss hat Johannes die Menschen getauft?

....

....

3. Wer hat Jeschua getauft?

....

....

Zeichne deine Lieblingsszene aus dieser Geschichte.

Was könnte mich das Leben von Johannes dem Täufer lehren?

Gott benutzte Johannes den Täufer, um...

Elisabeth

Lies Lukas 1,80 und schreibe den Bibelvers auf:

....

....

....

1. Warum hatte Elisabeth keine Kinder?

....

....

2. Was hat der Engel zu Zacharias gesagt?

....

....

3. Wie lautete der Name von Elisabeths Sohn?

....

....

Zeichne deine Lieblingsszene aus dieser Geschichte.

Was könnte mich das Leben von Elisabeth lehren?	Gott benutzte Elisabeth, um…
....	....
....	....

Maria & Joseph

Lies Matthäus 2,13 und schreibe den Bibelvers auf:

....

....

....

1. In welchem Dorf lebten Maria und Joseph?

....

....

2. Warum reisten Maria und Joseph nach Bethlehem?

....

....

3. In welches Land flüchteten Maria, Joseph und Jeschua (Jesus)?

....

....

Zeichne deine Lieblingsszene aus dieser Geschichte.

Was könnte mich das Leben von Maria und Joseph lehren?

....

....

Gott benutzte Maria & Joseph, um...

....

....

Geburt von Jeschua

Lies Matthäus 1,21 und schreibe den Bibelvers auf:

....

....

....

1. Wo wurde Jeschua (Jesus) geboren?

....

....

2. Wer war zu dieser Zeit König von Judäa?

....

....

3. Wie viele Weise aus dem Morgenland besuchten Jeschua?

....

....

Zeichne deine Lieblingsszene aus dieser Geschichte.

Was könnte mich das Leben von Jeschua lehren?

....

....

Gott benutzte Jeschua, um…

....

....

www.biblepathwayadventures.com
Lieblingsgeschichten aus der Bibel – Übungsbuch

© BPA Publishing Ltd 2021

Kreuzigung

Lies Matthäus 27,50 und schreibe den Bibelvers auf:

....

....

....

1. Wer hat Jeschua (Jesus) zum Tode verurteilt?

....

....

2. Wo wurde Jeschua gekreuzigt?

....

....

3. Wer wurde neben Jeschua gekreuzigt?

....

....

Zeichne deine Lieblingsszene aus dieser Geschichte.

Was könnte mich Jeschuas Tod lehren?

Gott benutzte Jeschuas Tod, um…

Auferstehung

Lies Matthäus 28,6 und schreibe den Bibelvers auf:

....

....

....

1. An welchem Festtag ist Jeschua aus dem Grab auferstanden?

....

....

2. Wer traf Jeschua außerhalb des Grabes?

....

....

3. Welcher Jünger zweifelte daran, dass Jeschua lebt?

....

....

Zeichne deine Lieblingsszene aus dieser Geschichte.

Was könnte mich Jeschuas Auferstehung lehren?	Gott benutzte Jeschuas Auferstehung, um…
....	....
....	....

Der barmherzige Samariter

Lies Lukas 10,34 und schreibe den Bibelvers auf:

....

....

....

1. Wo wollte der Reisende hin?

....

....

2. Was geschah mit dem Reisenden auf dieser Straße?

....

....

3. Was hat der Samariter getan, um dem Reisenden zu helfen?

....

....

Zeichne deine Lieblingsszene aus dieser Geschichte.

Was könnte mich dieses Gleichnis lehren?	Gott benutzte dieses Gleichnis, um...

Hochzeit zu Kana

Lies Johannes 2,11 und schreibe den Bibelvers auf:

....

....

....

1. Wer wurde zur Hochzeit eingeladen?

....

....

2. Was hat Jeschua (Jesus) zu den Dienern gesagt?

....

....

3. Wozu hat Jeschua das Wasser verwandelt?

....

....

Zeichne deine Lieblingsszene aus dieser Geschichte.

Was könnte mich dieses Wunder lehren?	Gott benutzte dieses Wunder, um...

Wundersame Brotvermehrung

Lies Johannes 6,9 und schreibe den Bibelvers auf:

....

....

....

1. Wie viele Menschen versammelten sich, um Jeschua lehren zu hören?

....

....

2. Was tat Jeschua, als Er das Brot hielt?

....

....

3. Wie viele Körbe wurden mit Resten gefüllt?

....

....

Zeichne deine Lieblingsszene aus dieser Geschichte.

Was könnte mich dieses Wunder lehren?	Gott benutzte dieses Wunder, um...
....	....
....	....

Die Sturmstillung

Lies Markus 4,41 und schreibe den Bibelvers auf:

....

....

....

1. Was geschah auf dem See Genezareth?

....

....

2. Was sagten die Jünger zu Jeschua (Jesus), als sie ihn aufweckten?

....

....

3. Wie hat Jeschua den Sturm beruhigt?

....

....

Zeichne deine Lieblingsszene aus dieser Geschichte.

Was könnte mich dieses Wunder lehren?	Gott benutzte dieses Wunder, um…

Verlorener Sohn

Lies Lukas 15,32 und schreibe den Bibelvers auf:

....

....

....

1. Welcher Sohn bat um sein Erbe?

....

....

2. Nachdem dieser Sohn sein Geld verschwendet hatte, welche Arbeit bekam er dann?

....

....

3. Was hat der Vater getan, um seine Rückkehr zu feiern?

....

....

Zeichne deine Lieblingsszene aus dieser Geschichte.

Was könnte mich dieses Gleichnis lehren?

Gott benutzte dieses Gleichnis, um...

Kluge und törichte Jungfrauen

Lies Matthäus 25,1 und schreibe den Bibelvers auf:

....

....

....

1. Wie viele Jungfrauen waren klug?

....

....

2. Was haben die törichten Jungfrauen die klugen Jungfrauen gefragt?

....

....

3. Was geschah, als die törichten Jungfrauen loszogen, um Öl zu kaufen?

....

....

Zeichne deine Lieblingsszene aus dieser Geschichte.

Was könnte mich dieses Gleichnis lehren?	Gott benutzte dieses Gleichnis, um...
....	....

Das verlorene Schaf

Lies Matthäus 18,14 und schreibe den Bibelvers auf:

....

....

....

1. Wie viele Schafe hatte der Mann?

....

....

2. Wo hat er die neunundneunzig Schafe gelassen?

....

....

3. Was tat der Mann, als er das fehlende Schaf fand?

....

....

Zeichne deine Lieblingsszene aus dieser Geschichte.

Was könnte mich dieses Gleichnis lehren?	Gott benutzte dieses Gleichnis, um...
....	....
....	....

Der Sämann

Lies Markus 4,3 und schreibe den Bibelvers auf:

....

....

....

1. Was geschah mit den Samen, die unter die Dornen fielen?

....

....

2. Was passierte mit den Samen, die auf guten Boden fielen?

....

....

3. Was geschieht mit Menschen, die das Wort hören und es aufnehmen?

....

....

Zeichne deine Lieblingsszene aus dieser Geschichte.

Was könnte mich dieses Gleichnis lehren?	Gott benutzte dieses Gleichnis, um...
....	....
....	....

Die Weisen aus dem Morgenland

Lies Matthäus 2,10 und schreibe den Bibelvers auf:

....

....

....

1. Woher wussten die Weisen aus dem Morgenland, dass Jeschua geboren worden war?

....

....

2. Was taten die Weisen, als sie Jeschua (Jesus) sahen?

....

....

3. Welche Geschenke brachten die Weisen Jeschua?

....

....

Zeichne deine Lieblingsszene aus dieser Geschichte.

Was könnte mich die Geschichte der Weisen aus dem Morgenland lehren?

....

....

Gott benutzte die Weisen aus dem Morgenland, um…

....

....

Petrus & Kornelius

Lies Apostelgeschichte 10,44 und schreibe den Bibelvers auf:

....

....

....

1. Was war Cornelius' Aufgabe?

....

....

2. Welche Anweisung wurde Kornelius in einer Vision gegeben?

....

....

3. Was befahl Petrus dem Kornelius und seiner Familie zu tun?

....

....

Zeichne deine Lieblingsszene aus dieser Geschichte.

Was könnte mich die Geschichte von Petrus und Kornelius lehren?

....

....

Gott benutzte Petrus, um…

....

....

Judas

Lies Lukas 22,48 und schreibe den Bibelvers auf:

....

....

....

1. Wer hat Judas dafür bezahlt, Jeschua (Jesus) zu verraten?

....

....

2. Wie viel Geld wurde Judas gegeben, um Jeschua zu verraten?

....

....

3. Wo hat Judas Jeschua verraten?

....

....

Zeichne deine Lieblingsszene aus dieser Geschichte.

Was könnte mich das Leben von Judas lehren?	Gott benutzte Judas, um...

Maria Magdalena

Lies Johannes 20,18 und schreibe den Bibelvers auf:

....

....

....

1. Wer sagte Maria, dass Jeschua (Jesus) auferstanden sei?

....

....

2. Wem ist Jeschua nach seiner Auferstehung zuerst erschienen?

....

....

3. Was sagte Maria den Jüngern, nachdem sie Jeschua gesehen hatte?

....

....

Zeichne deine Lieblingsszene aus dieser Geschichte.

Was könnte mich das Leben von Maria Magdalena lehren?	Gott benutzte Maria Magdalena, um...

Lazarus

Lies Johannes 11,11 und schreibe den Bibelvers auf:

....

....

....

1. Wer waren die beiden Schwestern von Lazarus?

....

....

2. In welche Art von Grab wurde der Leichnam von Lazarus gelegt?

....

....

3. Was sagte Jeschua zu Lazarus, während er im Grab lag?

....

....

Zeichne deine Lieblingsszene aus dieser Geschichte.

Was könnte mich dieses Wunder lehren?

Gott benutzte dieses Wunder, um…

Steinigung des Stephanus

Lies Apostelgeschichte 6,15 und schreibe den Bibelvers auf:

....

....

....

1. Gegen wen wurde Stephanus vorgeworfen, Lästerworte gesprochen zu haben?

....

....

2. Wer kümmerte sich um die Mäntel, während Stephanus gesteinigt wurde?

....

....

3. Wo fand die Steinigung des Stephanus statt?

....

....

Zeichne deine Lieblingsszene aus dieser Geschichte.

Was könnte mich das Leben von Stephanus lehren?

....

....

Gott benutzte Stephanus, um…

....

....

Weg nach Damaskus

Lies Apostelgeschichte 9,8 und schreibe den Bibelvers auf:

....

....

....

1. Warum reiste Saulus nach Damaskus?

....

....

2. Wer gab Saulus Briefe an die Synagogen in Damaskus?

....

....

3. Wer sprach zu Saulus auf der Straße nach Damaskus?

....

....

Zeichne deine Lieblingsszene aus dieser Geschichte.

Was könnte mich das Leben von Saulus lehren?	Gott benutzte Saulus, um…

Schiffbruch des Paulus

Lies Apostelgeschichte 28,1 und schreibe den Bibelvers auf:

....

....

....

1. Warum wollte Paulus nicht über Jom Kippur hinaus segeln?

....

....

2. Auf welcher Insel hat Paulus Schiffbruch erlitten?

....

....

3. Was kam aus dem Feuer und griff Paul an?

....

....

Zeichne deine Lieblingsszene aus dieser Geschichte.

Was könnte mich das Leben von Paulus lehren?	Gott benutzte Paulus, um...

Priscilla & Aquila

Lies Apostelgeschichte 18,2 und schreibe den Bibelvers auf:

....

....

....

1. Was war der Beruf von Priscilla und Aquila?

....

....

2. Warum haben sie Italien verlassen und sind nach Korinth gegangen?

....

....

3. In welcher Stadt hielt sich Paulus mit Priscilla und Aquila auf?

....

....

Zeichne deine Lieblingsszene aus dieser Geschichte.

Was könnte mich das Leben von Priscilla und Aquila lehren?

Gott benutzte Priscilla und Aquila, um...

Tabitha, steh auf!

Lies Apostelgeschichte 9,36 und schreibe den Bibelvers auf:

....

....

....

1. Warum ist Tabitha gestorben?

....

....

2. Wie viele Männer gingen, um Petrus zu holen?

....

....

3. Was geschah, nachdem Petrus mit Tabitha gesprochen hatte?

....

....

Zeichne deine Lieblingsszene aus dieser Geschichte.

Was könnte mich dieses Wunder lehren?	Gott benutzte dieses Wunder, um...

www.biblepathwayadventures.com
Lieblingsgeschichten aus der Bibel – Übungsbuch

© BPA Publishing Ltd 2021

Philippus & der Äthiopier

Lies Apostelgeschichte 8,26 und schreibe den Bibelvers auf:

....

....

....

1. Wen hat Philippus auf der Straße nach Gaza getroffen?

....

....

2. Welche Schriften las der Äthiopier?

....

....

3. Von wem handelten die Schriften, laut Philippus?

....

....

Zeichne deine Lieblingsszene aus dieser Geschichte.

Was könnte mich das Leben von Philippus lehren?

Gott benutzte Philippus, um...

Timotheus

Lies Apostelgeschichte 16,1 und schreibe den Bibelvers auf:

....

....

....

1. Wo haben sich Paulus und Timotheus zum ersten Mal getroffen?

....

....

2. Welche Nationalität hatte der Vater von Timotheus?

....

....

3. Durch welche beiden Regionen reisten Paulus und Timotheus?

....

....

Zeichne deine Lieblingsszene aus dieser Geschichte.

Was könnte mich das Leben von Timotheus lehren?

....

....

Gott benutzte Timotheus, um…

....

....

Lieblingsgeschichten aus der Bibel – Übungsbuch

Maria & Martha

Lies Johannes 12,1 und schreibe den Bibelvers auf:

....

....

....

1. Wo haben Maria und Martha gewohnt?

....

....

2. Wer hat Jeschua die Füße gesalbt?

....

....

3. Welche Art von Öl wurde verwendet, um Jeschua zu salben?

....

....

Zeichne deine Lieblingsszene aus dieser Geschichte.

Was könnte mich das Leben von Maria und Martha lehren?

....

....

Gott benutzte Maria & Martha, um…

....

....

Zachäus

Lies Lukas 19,5 und schreibe den Bibelvers auf:

....

....

....

1. Was war die Aufgabe von Zachäus?

....

....

2. Warum kletterte Zachäus auf einen Baum?

....

....

3. Wie viel von seinen Gütern versprach Zachäus den Armen?

....

....

Zeichne deine Lieblingsszene aus dieser Geschichte.

Was könnte mich das Leben von Zachäus lehren?	Gott benutzte Zachäus, um…

Lösungen

Adam & Eva
1. In Eden
2. Adam
3. „Keineswegs werdet ihr sterben!"

Kain & Abel
1. Früchte des Erdbodens (Obst & Gemüse)
2. Er tötete ihn
3. Im Land Nod, östlich von Eden

Noah
1. 300 Ellen
2. Sieben Paare
3. Vierzig Tage

Abraham
1. Sarah
2. Nach Ägypten
3. Einen Sohn (als Erben)

Lot
1. Zwei Engel
2. Schwefel und Feuer ließ er vom Himmel regnen
3. Sie verwandelte sich in eine Salzsäule

Isaak & Rebekka
1. Aram-Naharajim (Mesopotamien)
2. An einem Wasserbrunnen
3. Ein goldener Ring und zwei Armbänder

Jakob
1. Isaak
2. Als tüchtigen Jäger und Mann des freien Feldes
3. Schüssel mit Linsengericht und etwas Brot

Rahel
1. Sieben Jahre
2. Benjamin und Joseph
3. Götter (Idole für den Haushalt)

Joseph
1. Ein bunter Leibrock
2. Garben (Weizenbündel), die sich vor anderen Garben niederwerfen
3. Sie warfen ihn in eine Zisterne und verkauften ihn an Fremde

Mose
1. Als brennender Dornbusch
2. Den Pharao
3. Aaron

Pharao
1. Land Ägypten
2. Frösche
3. Sein erstgeborener Sohn

Miriam
1. Mose und Aaron
2. Um zu sehen, was mit dem Baby Moses passieren würde
3. Ihre Mutter

Aaron
1. Aaron
2. Gold
3. Verbrannte es im Feuer und zermalmte es zu feinem Pulver

Kaleb
1. Jephunne
2. Zwölf
3. Vierzig Tage

Josua
1. Fluss Jordan
2. Die Priester
3. Richtete zwölf Steine im Jordan auf, einen für jeden Stamm Israels

Rahab
1. An der Stadtmauer
2. Unter den Flachsstengeln auf dem Dach ihres Hauses
3. Sie benutzte ein Seil, um den Männern bei der Flucht durch ein Fenster zu helfen

Bileam
1. Eine Eselin
2. Reiste, um Balak zu treffen
3. Dreimal

Gideon
1. Altar des Baal
2. Legte ein Vlies auf den Boden
3. Schopharhörner und Krüge mit Fackeln darin

Ruth & Boas
1. Auf dem Feld des Boas
2. Brot und geröstetes Korn
3. Zu Boas' Füßen

Debora
1. Prophetin und Richterin
2. Unter einer Palme zwischen Rama und Bethel
3. Zehntausend (aus den Stämmen Naphtali und Sebulon)

Simson & Delila
1. Am Bach Sorek
2. Sieben frische Sehnen
3. Sein Haar

Hanna
1. Weil sie keine Kinder bekommen konnte
2. Samuel
3. Ein Gewand

Samuel
1. Einen König
2. Er würde sie zu Dienern machen, besteuern und ihre Söhne als Soldaten nehmen
3. Saul

König Saul
1. Benjamin
2. Die Philister
3. Samuel

David & Goliath
1. Sechs Ellen und eine Spanne (knapp 3 Meter)
2. Fünf Steine
3. David traf Goliath mit einem Stein aus seiner Schleuder und trennte ihm dann mit einem Schwert den Kopf ab

Jonathan
1. König Saul
2. David
3. Weil Jonathan David vor Saul beschützt hat

Benaja
1. König David
2. Einen Löwen
3. Jojada

David & Bathseba
1. Baden
2. Urija
3. Bathseba beklagte seinen Tod

Salomo
1. Er gehorchte den Anweisungen Gottes
2. Das Geschenk der Weisheit
3. Ein langes Leben

Isebel
1. Ahab
2. Er ließ Nabot töten, damit Ahab seinen Weinberg in Besitz nehmen konnte
3. Um Isebel zu entkommen

Königin von Saba
1. Um Salomo mit Rätseln zu prüfen
2. Kamele mit Gewürzen, Gold und Edelsteinen
3. Alles, was sie wollte

Amos
1. Prophet / Viehhirt / Züchter von Maulbeerfeigen (Amos 7)
2. Tekoa
3. Das Volk Israel

Jesaja
1. Prophet
2. Amos
3. Gott wird dich heilen, du wirst noch 15 Jahre leben, und Gott wird dich und die Stadt von den Assyrern befreien

Elia
1. Berg Karmel
2. Einen Jungstier
3. Das Brandopfer, Holz, Steine, Erde und Wasser

Elisa
1. Ein feuriger Wagen mit feurigen Pferden
2. In einem Sturmwind
3. Er schlug das Wasser damit und es teilte sich nach beiden Seiten

Daniel
1. Minister und Satrapen des Königreichs
2. Für das Beten zu Jahwe, dem Gott von Abraham, Isaak und Jakob
3. Ein Engel Gottes

Mordechai
1. Esther
2. Verrate niemandem deine jüdische (hebräische) Herkunft oder wer ich bin
3. Mordechai wurde auf einem Pferd durch die Stadt geführt

Esther
1. Er streckte sein goldenes Zepter aus
2. Der König & Haman
3. Schickte Briefe in alle Provinzen, die den Juden (Hebräern) erlaubten, sich zu verteidigen

Königin Vasti
1. König Ahasveros
2. Sie war wunderschön
3. Nein - Vasti weigerte sich, ihren Mann zu treffen

Nehemia
1. Mundschenk des Königs
2. Um die Erlaubnis, nach Jerusalem zurückzukehren und die Stadt wiederaufzubauen
3. Er untersuchte die Mauern der Stadt

Jona
1. Die Stadt Ninive
2. Drei Tage und drei Nächte
3. Sagte dem Volk, es solle Buße tun

Hiob
1. Im Land Uz
2. Zehn Kinder (sieben Söhne, drei Töchter)
3. Das Haus stürzte über ihnen ein

Johannes der Täufer
1. Heuschrecken
2. Fluss Jordan
3. Johannes der Täufer

Elisabeth
1. Sie war unfruchtbar
2. Deine Frau Elisabeth wird dir einen Sohn gebären, und du sollst ihm den Namen Johannes geben
3. Johannes

Maria & Joseph
1. Nazareth
2. Für die Volkszählung
3. Ägypten

Geburt von Jeschua
1. Bethlehem
2. König Herodes
3. Die Bibel gibt darüber keine Auskunft

Kreuzigung
1. Pilatus, der römische Statthalter
2. Golgatha
3. Zwei Kriminelle

Auferstehung
1. Am Fest der Erstlingsfrucht (1. Korinther 15,20-23)
2. Maria Magdalena
3. Thomas

Der barmherzige Samariter
1. Jericho
2. Er wurde ausgeraubt und verprügelt
3. Reinigte die Wunden des Reisenden und bezahlte einen Gastwirt, der sich um ihn kümmern sollte

Hochzeit zu Kana
1. Jeschua, seine Mutter und seine Jünger
2. „Füllt die Krüge mit Wasser."
3. Wein

Wundersame Brotvermehrung
1. 5000 Männer
2. Er sagte Dank und teilte es den Jüngern aus
3. Zwölf Körbe

Die Sturmstillung
1. Es erhob sich ein großer Sturm
2. „Meister, kümmert es dich nicht, dass wir umkommen?"
3. Er wies den Wind zurecht und sprach zum See: „Schweig! Werde still!"

Verlorener Sohn
1. Der jüngere Sohn
2. Hüten von Schweinen
3. Schlachtete ein gemästetes Kalb und feierte ein Fest

Kluge und törichte Jungfrauen
1. Fünf Jungfrauen
2. Gebt uns von eurem Öl, denn unsere Lampen erlöschen
3. Der Bräutigam kam, ging mit den klugen Jungfrauen zur Hochzeit und verschloss die Tür

Das verlorene Schaf
1. 100 Schafe
2. In den Bergen
3. Er freute sich

Der Sämann
1. Die Dornen wuchsen empor und erstickten den Samen, und kein Korn wuchs
2. Die Samen brachten Korn hervor, das wuchs und wuchs und brachte dreißigfachen, sechzigfachen und hundertfachen Ertrag
3. Sie bringen gute Frucht, dreißigfach, sechzigfach und hundertfach

Die Weisen aus dem Morgenland
1. Sie sahen einen hellen Stern am Himmel
2. Verneigten sich und beteten ihn an
3. Gold, Weihrauch und Myrrhe

Petrus & Kornelius
1. Er war ein Hauptmann
2. Sende Männer nach Joppe und lass Simon holen mit dem Beinamen Petrus
3. Sich auf den Namen des Herrn taufen zu lassen

Judas
1. Die obersten Priester
2. Dreißig Silberstücke
3. Garten Gethsemane

Maria Magdalena
1. Ein Engel
2. Maria Magdalena
3. „Ich habe den Herrn gesehen!"

Lazarus
1. Maria und Martha
2. Eine Höhle mit einem Stein darauf
3. „Lazarus, komm heraus."

Stephen
1. Mose, die Thora und Gott
2. Paulus
3. Außerhalb von Jerusalem

Weg nach Damaskus
1. Um Anhänger von Jeschua zu finden und zu verhaften
2. Hohepriester
3. Jeschua

Schiffbruch des Paulus
1. Schlechtes Wetter
2. Melite
3. Otter (Schlange)

Priscilla & Aquila
1. Zeltmacher
2. Claudius befahl allen Juden, Rom zu verlassen
3. Korinth

Tabitha, steh auf!
1. Sie wurde krank
2. Zwei Männer
3. Sie öffnete ihre Augen und setzte sich auf

Philippus & der Äthiopier
1. Einen Kämmerer aus Äthiopien
2. Den Propheten Jesaja
3. Jeschua, der Messias

Timotheus
1. Lystra
2. Griechisch
3. Phrygien und Galatien

Maria & Martha
1. Bethanien
2. Maria
3. Nardensalböl

Zachäus
1. Zöllner
2. Weil er klein war und Jeschua nicht sehen konnte
3. Die Hälfte seiner Güter

Weitere Übungsbücher entdecken!

Zu erwerben unter www.biblepathwayadventures.com

SOFORT DOWNLOADS!

Wöchentliches Thora Übungsbuch	Bereschit / 1. Mose
Lieblingsgeschichten aus der Bibel – Übungsbuch	Schemot / 2. Mose
Hebräisch lernen: Das Alphabet	Wajikra / 3. Mose
Der Sabbat Übungsbuch	Bemidbar / 4. Mose

www.ingramcontent.com/pod-product-compliance
Lightning Source LLC
LaVergne TN
LVHW060336080526
838202LV00053B/4484